Dieter Roland Gebhardt

Einfach nur da sein...

Lyrisches und Liederliches
aus 60 Jahren

Autor: Dr. Dieter Roland Gebhardt, Rheda-Wiedenbrück
Korrektorat, Satz: Horst und Dr. Arne Bohl, Bielefeld
Umschlaggestaltung: Abbildung „Flötenspieler"
im Auenpark Paderborn (Foto des Verfassers)

Ausgabe 2016

Verlag: tredition GmbH, Grindelallee 188, 20144 Hamburg
Printed in Germany

ISBN: 978-3-7345-2584-1 (Paperback)
978-3-7345-2585-8 (Hardcover)
978-3-7345-2586-5 (e-Book)

Bibliografische Information der Deutschen Nationalbibliothek:
Die Deutsche Nationalbibliothek verzeichnet diese Publikati-
on in der Deutschen Nationalbibliografie; detaillierte biblio-
grafische Daten sind im Internet über http://dnb.d-nb.de
abrufbar.

Vorwort

Gefühle und Gedanken, Erfahrungen und Erinnerungen, Schönheiten und Schrecknisse, Lieb'- und Landschaftseindrücke…

Aus Begebenheiten und Begegnungen eines Lebens sind hier aus sechs Jahrzehnten lyrische Texte und Notizen versammelt, die den Leser zum stillen Zwiegespräch einladen möchten.

Ermutigt durch die Resonanz der ersten Ausgaben hat der Autor – neben behutsamen Korrekturen – den vorliegenden Band um weitere Gedichte/Texte ergänzt. Im Anhang ‚**Liederliches**' findet Vermischtes einen Platz sowie 'Humoriges mit Augenzwinkern'. Die wenigen verbliebenen Texte der Jugendzeit wurden beibehalten.

Die Entstehungsjahre sind in der Regel als kleine Schlusszahl vermerkt.

Dieter R. Gebhardt

März 2016

Inhaltsverzeichnis

Strohfeuer

(Motto)

Angefacht
zur halben Nacht
flammt es auf
lichterloh:
Feuer aus Stroh,
das kaum wärmt
und nicht lärmt,
kurz aufhellt,
rasch zerfällt…
Und doch
war's in der Welt.

(2001)

Wenn die Nacht kommt

Siehst du in Auen weiß den Nebel gleiten,
spürst du den Wind sich auf den Wiesen weiten?
Hörst du heimlich wie im Traum
sanftes Flüstern von Baum zu Baum?
Siehst du Fluss und Felder dunkeln,
hell die goldnen Sterne funkeln?
Weißt du was des Mondes Licht
und was leis der Weiher spricht?
In Wald und Flur schweigt nun die Welt
und Stille füllt das Himmelszelt.

(1955)

Naher Winter

Nun stehn in grauer Rinde
die Bäume, des Saftes beraubt;
des Herbstes raue Winde
haben die Kronen entlaubt.

Der Himmel ist wolkenverhangen,
die Heide, sie blühte dahin;
fort sind die Vögel, die sangen
im Sommer mit fröhlichem Sinn.

Auf gelben Stoppelfeldern
verging des Sommers Sein;
in Auen und leeren Wäldern,
da schläft das Leben nun ein.

Der See mit trauerndem Schlage
beflutet das trübe Gestad'
und sagt dem Wald seine Klage,
den Wiesen, dem einsamen Pfad.

(1955)

Weihnachtsliedchen

Auf den Heil'gen Abend
freu ich mich so sehr;
selig, duftend, labend
wünsch ich ihn mir her.
Lichter, Kugeln, Spitzen
grüßen schon im Traum,
und die Augen blitzen
glücklich vor dem Baum.

Durch das tiefe Dunkel
leuchtet mir ein Stern
und sein süß' Gefunkel
habe ich so gern.
Über Berg und Hainen
fiel ein Schnee so sacht,
gibt ein helles Scheinen
für die Heil'ge Nacht.

(1955)

Gebet

Herr, mit deinen reichen Händen
segne mein Geschick!
Lass mich nicht in Schuld hier enden,
bestehn vor Deinem Blick.

Baue mir aus meinen Sünden
rettend einen Steg;
gib das wahre Licht zu finden,
Deinen Gnadenweg.

Verdien' ich Liebe wie Erbarmen
und Dein Kind zu sein?
Gott der Sünder, Herr der Armen,
lass mich nicht allein!

(1956)

Morgenlieder

I
Umhüllt von zartem Schleier,
mild mit verklärtem Rot,
hebt sich, das Antlitz im Weiher,
die Sonne aus dem Tod.

Aufsteigt vom Wiesengrunde
des Baches muntrer Klang,
und durch die Wälderrunde
rauscht morgenfroher Sang.

Der Fink in grünen Gehegen
hebt seine Vogelbrust
und singt den dämmernden Wegen
ein Lied voll Morgenlust.

(1956)

II
Mit letztem Sternenflimmer
versank das Schwarz der Nacht
und hat mit rosigem Schimmer
den neuen Tag gebracht.

Es steigt die Sonne vom Hügel
ins nachtverhangne Blau.
Die Vögel heben die Flügel
von lichtem Morgentau.

Ein Rauschen erfüllt die Wälder
und Jauchzen das tiefe Tal;
es atmen die gelben Felder
im göttlichen Morgenstrahl.

(1956)

Trost

Ach, ihr wisst nicht, wie es leidet,
wie mein wundes Herz erbebt,
dass es sich von euren scheidet,
sich aus eurer Mitte hebt.

Werd ich stets allein nur bleiben
mit dem Glücke, mit dem Leid?
Steh ich in dem Weltentreiben
immer in der Einsamkeit?

Werde ich ein Liebes finden,
das mich gut und sorgsam lenkt
und auch in den finstren Schlünden
mir das Licht des Lebens schenkt?

Meine Seele sei nicht bange,
große Hoffnung nennst du dein:
Kind bist du und so lange
wird ein Vater bei dir sein!

(1956)

Nächtliches Gewitter

(an einem Pfingsttag 1956)

Blitze gießen gleichsam graue Milch in den Himmel.
Lichtbündel stürzen herab, jedes wie eine sonnen-
hafte Brandfackel, die das Wolkengrau zerreißt,
flackernd aufloht und versprüht. Das grelle Licht
türmt Wolken auf und brodelndes Geklüft.
Der Donner überstürzt sich in seinen polternden
Paukenhieben; Donner, der mit dunkler Gewalt
grollend und prasselnd den Himmel erschüttert.
Regen braust sprühend nieder, wühlt im Laub
der Bäume, wäscht an den Häusermauern.
Als er sich besänftigt, rauscht und singt er
die aufgestörte Welt wieder zum Schlafe ein.
Die Flammenspuren des Gewitters verlöschen;
am Horizont fiebert noch Wetterleuchten.
Die Wolken verwehen wie Rauch…

Mond am Abend

Der Mond steigt auf
wie eine goldne Schale
voll von schwerem Wein,
der ausströmt in die Dämmerung
und Dächer überspült,
in dunkle Gassen niederrinnt.

Der trunkne Wind erregt
mit wirrem Hauch
das Gartengrün.
Mit tiefen Schatten
kommt die Nacht.

(1957)

Im Winter

Hell vom starren Wassergraben
weht ein Häherschrei.
Hungerruf von schwarzen Raben
bebt wie Todeslaut vorbei.

Frost, Finsternis. Die rauen
Winde fegen im Föhrenhain.
Schneewolken treiben, die grauen
frieren der Welt das Leben ein.

(1957)

Bahnfahrt

(Augen-Blicke auf der ersten Bahnfahrt
durch Schleswig-Holstein/Sommer 1957)

Bahnfahrt im Juli–Licht! Das ebene Land von buschigen Linien der Knicks durchzogen; auf Wiesen mit saftigem Grün und blühenden Gräsern weiden gemächlich Kühe, über die Kiebitze flügeln, Stare hinstreichen. Hier gehäufeltes Heu auf gemähten Feldern, dort gelbe Garben in Reih und Glied. Buschwäldchen erscheinen, schilfumsäumte Tümpel mit kümmernden Weiden, ein blau schimmerndes Kohlfeld. Eine Windmühle dreht ihre gekreuzten Arme. Telegraphen-Drähte begleiten Straßen. Über riesige Eisenmasten schwingen sich Stromleitungen in die Ferne zu den waldigen Hügeln der Geest, diese vom Sommerdunst umblaut. Vereinzelte Friesengehöfte, von alten mächtigen Bäumen schützend umstanden, erscheinen wie bewohnte Inseln. Öfter ziehen Siedlungen vorüber und Ortschaften: die Gebäude hingeschachtelt, die Häuser wie gewürfelt mischen ziegelrote und kalkweiße Farben ins Land. Mit den Schwellentakten des forteilenden Zuges steigt die Vorfreude auf die erste Begegnung mit der Nordsee bei Sylt.

Nordseebilder
(Insel Sylt/Sommer 1957)

Brandung! Die Wasserwände der Wellen richten sich dunkel und zögernd auf, indes Schaumweiß über sie hinläuft. Sich überwölbend brechen sie mit donnerndem Rauschen nieder und verschäumen. Rudel von weißen Wellen drängen heran und säumen den Strand mit weißem Schaum, den der Wind manchmal wie aufgeschreckte Vögel hochfliegen lässt.

...

Am Nachmittag liegt auf dem ruhigen Meer der Sonnenflimmer glitzernd ausgestreut, der gegen Abend zu breitem, blinkendem Silber zusammenschmilzt und mit der niedergehenden Sonne in einer roten Spur endet.

...

Von einer Düne ging der Blick hinaus in die Nacht: über dem Meer lastete das zusammengeballte Grau einer schweren Regenwand. Die Wellen darunter brandeten heran und ihr Schaumweiß hob sich wie reiner Schnee in hellen Linien ab: als blitze das Meer mit den Zähnen...

Abend am Meer

Müd im letzten Abendschein
kommt vom Fang der Fischer her.
Wolken stehen weiß und rein,
leiser Wind weht übers Meer.

Möwen fliegen ohne Schrei,
Dünengräser flüstern sacht.
Träume wandern still vorbei,
kommen heimlich mit der Nacht.

Rauschend spült an gelben Strand
wiegend sich des Wassers Flut,
und der Sonne roter Brand
taucht die Wellen sanft in Glut.

(1957)

Abend in der Lüneburger Heide

Ein wunderbarer Abend: Kartoffelfeuer schwelten, Nebelschwaden stiegen aus den Wiesenmulden auf wie milchweiße Riesenspinnweben. Über den nachtdunklen Wäldern kam der runde Mond herauf wie eine große Goldmünze, darin eingeprägt ein trauriges Gesicht, das die Nacht bewachte.

Die Landstraße, von Apfelbäumen gesäumt, stieß in schwarze Wälder hinein, über denen noch Abendwolken glühten. Zur Rechten öffnete sich das Land und ruhige Lichter schienen von fern herüber: die erhellten Fenster eines Dorfes. Von den Äckern wehte noch der Geruch der Kartoffelfeuer, deren letzte dünne weißliche Fahnen sich den Nebelnestern zugesellten. Die Nacht wurde klar und kalt; eine jener sternen-hellen Nächte, die nur im Herbst und Winter von so tiefer Unendlichkeit erfüllt sind.

(Oktober 1958)

Trennung

Wie Wasser rann mir aus den Händen
ewig geglaubtes Glück!
Wann wird dein Wort, dein Bild und Blick
in meinen Träumen enden?

Wir haben uns geliebt und waren wie besessen –
das gilt nun nimmermehr.
Abschied ist schwer,
noch schwerer das Vergessen.   (1963)

Märznacht
(auf Wache)

Wie neu der Wind in dieser Nacht!
Von See
bringt er den Duft
des Salzes mit
und in den aufgestörten Wäldern
braust es
wie Meeresrauschen wieder.
Der Himmel ist von Wolken ausgekehrt,
neu ist der runde Mond;
den Sternen nimmt er ihren Glanz,
in seinem sanften Schneelicht
blüht die Nacht.   (1963)

Begegnung

Komm, der Liebe Trost zu finden,
lass in tiefen Herzensgründen
still verwandt uns und gemeinsam sein!

Und die Trübnis dunkler Tage
sinkt hinab und ohne Klage
wirkt das Wort: Nicht einsam sein!

(1966)

Neujahr

Heraufkommt nun ein neues Jahr:
verschlossen wie auch offen.
Schwebt schon ein Menetekel an der Wand?
Doch dies, mein Gott, ich wag's zu hoffen:
dass du mein Herz behütest
sanft in deiner Hand.

(1975)

Fürs Vaterland!

(zum 1. Sept. 1939)

Fürs Vaterland!
Der Führer schrie es ungebannt.
Fürs Vaterland!
Die Presse schrieb's von Rand zu Rand.
Fürs Vaterland!
Sprach General, sprach Fabrikant.
Fürs Vaterland:
Soldat Gewehr bei Fuße stand.
Fürs Vaterland:
„Heldentod" im Feindesland…
Fürs Vaterland?
Kriegsspielzeug in Kinderhand.

(1974)

Der blanke Berg

Der blanke Berg, der schüttre Wald,
manch alter Baum in Gnomgestalt!
Der Fels: geschrunden von Urzeiteis,
behaart mit Flechten, Moos und Reis',
gerieft und gebändert das bloße Gestein,
darüber rieselt, silbern und fein,
das Wasser sickernd und murmelnd zu Tal;
darinnen der See: ein schlankes Oval
sein Aug', das sieht über den Bergeshöhn
das wechselnde Licht und die Wetter gehn.

(1982)

Auf dem Wasser

Auf dem Wasser wie ein leichtes Blatt
       nur liegen,
wenn in der Bläue über mir die Wolken
       schweben
und unter mir mich sanfte Wellen wiegen;
so ganz der Stille und dem Träumen
       hingegeben!

Ach, würd' ich schwerelos und weise!
Würd' um des Tages Kram nicht wild
       mich machen
und über alles mit Gelassenheit und leise
nur milde lächeln oder lachen.

(1984)

Nachklänge von einem Fest

„Verweile doch, du bist so schön!"
Ich rufe dieses Dichterwort zurück,
es soll mir gegen Wandel und den Wechsel stehn,
für Sehnsucht nach dem dauerhaften Glück.

Versonnen schau ich in den offenen Kamin,
streck wohlig mich der Wärme hin,
derweil die Flammen züngeln, fliehn,
die Scheite lodern und verwehn.
Ich höre dich mit leichtem Sinn
von Freundschaft reden und vom Auseinandergehn.

Der Abschied naht und auch ich weiß:
ich muss mich lösen aus dem Kreis,
ein Stückchen Heimat lassen, wenn ich geh.
Lebt wohl, meint nicht: Auf Wiedersehn.
Au revoir, mes amis, heißt nicht: adieu.
Versteh, verzeih in mir den unerhörten Schrei:
„Verweile doch, du bist so schön!"

(1984)

Mignon de Bretagne

(Eine Variation)

Kennst du das Land, wo die Kamelien blühn,
das Meer an Felsenküsten schäumt,
die Wege gelb von Ginstergold gesäumt?

Kennst du das Land, wenn tausend Apfelbäume blühn,
derweil der Möwe Schrei darüber schwebt,
die Pinie prächtig sich erhebt?

Kennst du das Land, darüber Wolken
     weiß im Seewind fliehn?
Du kennst es wohl: dahin, dahin will ich mit dir,
     Geliebte, ziehn…

(1991)

Am Strande

Als stündest du am Rand der Welten,
wo nur noch Land und Meer und Himmel gelten:
schmeckst Salz in einem sanften Wind,
spürst Sand, der fein durch deine Zehen rinnt,

Bestaunst des Himmels tiefes Blauen,
wo weiße Wolken Türme bauen;
tauchst ein ins Wasser: frisch umspült
wird deine sonnenwarme Haut gekühlt.

Wo Möwen Chiffren in den Himmel schreiben
von Zeiten eh'mals, früh und fern –
wo Wellen schäumen, branden, treiben
im steten Wandel – bin ich gern.

Hier ist es gut, den ganzen Tag zu weilen,
am besten noch in Zweisamkeit,
denn so verdoppelt sich die Zeit,
auch wenn die Stunden rascher eilen.

Und sieh am Abend dann die Sonne sinken,
sieh ohne Blinzeln in die riesenrote Scheibe:
sie gibt dem Meer noch letzte Glut zu trinken,
ein Zögern noch – doch keine Bleibe!

So stehst du halb in Andacht, halb in Träumen
in jenem alten Wehn vom Meer:
das macht das Wasser raunen, schäumen
und in dir den Wunsch nach Wiederkehr.

(1989)

Augen zu!

Was wirst du schauen,
wenn du die Augen schließt
zur Abend- oder Mittagsruh?
Wird's dunkler in dir,
finstrer oder lichter?
Sind's Farben, die den Regenbogen bauen?
Ist's Landschaftswechsel,
sind's Gesichter?
Ist's dunkel nur, so eben-grau,
ganz ohne innre Nabelschau,
ganz einfach nur die Augen zu?
Sag, was du siehst,
wenn du die Augen schließt…

(1992)

Labyrinth

Wir fragen nach Woher – Wohin
mit Hoffen und mit Bangen
und sind dabei wie eingefangen
in Sehnsuchtssuche nach dem Sinn.

Wir sind uns selbst ein Labyrinth;
so viele Wege unseres Lebens
verwirrt, verwinkelt und vergebens…
Mag sein, dass wir nur ‚Vorläufige‘ sind.

Wir fallen rasch durch unsre Zeit;
so viel bleibt ungesagt und unverstanden
und letztlich kommt der Atem uns abhanden
im Anblick dunkler Ewigkeit.

(1994)

Jahresring – im Bauernstil

1. Draußen ist es kalt und klar,
   man schreibet heute Januar.

2. Noch immer ist es klar und kalt:
   Februar vereist den Wald.

3. Ein linder Sonnenstrahl im März
   erwärmt so manches alte Herz.

4. Der Winter weicht und wird nun still
   mit Wechselwetter im April.

5. Nun sieh das Keimen, Grünen, Blühn
   mit Maien durch die Lande ziehn.

6. Im Juni wird der Sommer ganz
   mit Wendefeuer zu St. Hans.

7. Der Juli füllet nun das Horn
   mit roten Beeren, reifem Korn.

8. August ist wie ein Hund erhitzt,
   wenn nun der hohe Sommer schwitzt.

9. Ein kühler Wind macht schon bewusst:
    September folget dem August.

10. Oktober lacht, Oktober grimmt;
    gut, wenn die Beerenernte stimmt.

11. Der Nebel nässt November ein;
    das Lesen nur bei Lampenschein.

12. Ach, im Dezember – warte nur –
    vergeht des Jahres letzte Spur.
    Wie froh stimmt nun das Weihnachtsfest:
    ein Anbeginn! und nicht ein Rest.

(1995)

Wirrnis

Ist das Vergnügen auch beseelt,
gar auf das Lieblichste beleibt,
so meinst du noch, dass etwas fehlt,
ein Rest von Unstillbarem bleibt.

Es würgen dich die wirren Worte:
das Dunkle nah, das Lichte fern...
Such Freude nicht an jedem Orte
auf diesem schönen Erdenstern!

(1996)

Gruß

Das Boot auf dem Flusse des Lebens
treibt weiter und weiter –
Hauptsache doch: die Besatzung
bleibt heile und heiter!

Ausruhn nicht beim Freude schenken,
Gutes tun und Besseres denken!

(1998)

Frage

Herr, in den Brunnen meiner Seele
stieg ich, um Dir nah zu sein,
fragte, forschte, hört' in mich hinein,
damit ich keinen Hauch verfehle.

Fand Tiefe nicht und keine Klarheit,
mithin auch keinen Weisen-Stein.
Und doch weiß ich: bei Dir ist Wahrheit!
Wirst Du am Ende gnädig sein?

(1996)

Regennacht

Regen wie Kiesel, wie körniger Sand
ans Fenster gestreut von Windeshand;
Wolken zerfasert, zerzaust und zerfetzt
über den nachtdüstren Himmel gehetzt.
Doch dahinter steht Ruhe gewohnt
der stumme, bleiche und volle Mond.

(1998)

Wär ich ein Baum

Wär ich ein Baum, ich zählte an die sechzig
     Ringe –
nicht alt, nicht groß, doch aus dem Gröbsten raus;
vielleicht, dass ich an einem Berghang hinge
und blickte in ein weites Tal hinaus
mit einem See darin, inmitten vieler grüner
     Dinge.

Wär ich ein Baum, so müsst' ich auf dem
Flecken Erde leben,
wo die Natur mich hingestellt,
würd' nicht wandeln, wandern, streben
durch eine wild vermischte Welt:
Hier stünd' ich, mich in den Himmel zu erheben.

Wär ich ein Baum, erlebt' ich rinden-nah die
Jahreszeiten
mit Blüte, Laub und Laubvergehn
und müsste Frost wie Hitze widerstreiten
und manchen bösen Sturm bestehn.

Doch kommen Wochen nur zum Träumen
mit milder Luft und Seidenglanz,
und sanftes Atmen in den blauen Räumen
durchströmt, durchlichtet alles ganz.

An Sonnentagen in dem Hitzeflimmern
lad ich mir Vögel in den Schatten ein;
und Sängern, Tauben, Greifen gilt es gleich
das gastlich' Recht in meinem Wipfelreich.
Des Nachts: in Mondeslicht und
Sternenschimmern
bin ich mit Gottes großem All allein.

Trifft mich der Blitz nicht (oder Menschen-Beil),
so bleib ich unversehrt und heil
bis so dreihundert Jahr vergangen sind –
ein alter Baum, der schwingt und singt im Wind.

(in memoriam E. Kästner und
A. Øverland/Norwegen)

(1995)

Nachtgedanken

Die Nacht – so tief!
Da ich nicht schlief,
belauschte ich mein Leben.

Verrauschte Zeit
samt Freud und Leid!
War's nicht erst Sommer eben?

Woher – wohin?
Mit welchem Sinn
dies' Treiben oder Streben?

Wohl manches Jahr
vergeblich war
mein Wollen, Wirken, Weben.

Ich hatt' nicht viel
in diesem Spiel
und wollt' doch vieles geben.

Wie wollt' ich gern
im Haus des Herrn
gezählt sein zu den Reben!

Was einzig blieb
war Treu', war Lieb',
so herrlich im Erheben.

Das Fragen nach Wohin, Woher
und nach Warum und Nimmermehr
wird enden im Entschweben.

Die Nacht so tief –.
Die Eule rief…
Zu kurz ist unser Leben.

(1996)

Mensch und Baum

Eine Freundin, die eine Finnin war,
erzählte einst von Landsleuten:
die gingen in den Wald,
um ihren Baum aufzusuchen,
ihn zu umarmen,
bei ihm zu weilen.

Ich erinnere mich:
als Knabe las ich erstmals solches
in Indianer- und Trappergeschichten.
Damals lachte ich darüber…

(2012)

An eine Kiefer

Lass dich von einem Menschenkind umarmen,
du Baum, und hab mit ihm Erbarmen!
Als ich noch längst nicht war,
hast du schon Luft und Licht empfangen:
du bist erst über hundert, ich längst schon fünfzig Jahr –
und fühle in mir das Verlangen,
dich zu umfassen, zu verehren,
von deiner guten Kraft zu zehren!
Wie viele Monde, Wolken sahst du gehen,
wie viele Wetter musstest du bestehen
in diesem finsteren Jahrhundert?
Bist nicht verwundet, nicht verwundert.

Leb wohl nun Baum! denn ich muss gehn
und muss mich wieder talwärts wenden,
nehm Abschied von dir noch mit Händen,
die deine raue Rinde fühlen
und Blicken, die in deiner Krone spielen.
Ach, möchte sein ein gutes Wiedersehn!

(1998)

Und immer wieder

Und immer wieder kommen samtne Nächte
und Wind, der durch die Weiden weht;
und Sehnen, das man gern benennen möchte
und das doch allen Worten widersteht.

Und immer wieder kommt die Nacht herauf
und Dunkles in uns seufzt und spricht.
Und immer wieder glänzt im leisen Lauf
der Mond mit seinem Silberlicht.

Und immer wieder kommt ein Morgen
- wir sind von neuer Frische angerührt -
und folgt ein heller Tag: und doch verborgen
bleibt, was dieses Leben weiterführt.

(2013)

Am dänischen Strande

Einfach nur da sein im sanften Wind
und liegen im warmen Sande –
und blinzeln, wo die Wolken sind,
in der Bläue über dem Strande.

Einfach nur wandern im frischen Wind,
wenn es stürmt über dem Strande
und die Wellen weiß und wilder sind,
Gischt sprühend vom Meer zum Lande.

Einfach sich freuen wie ein Kind,
wenn es baut und buddelt im Sande,
sich erholen, da noch Freiräume sind,
in diesem freundlichen Lande.

(1998)

Rondell

Du hast so lieb mich angelacht
in jenen Jugendtagen
und hättest für mich Halt gemacht...
Das Wort konnt' ich nicht sagen.

Ich habe dir kein Glück gebracht
in jenen fernen Tagen!
Und hätte ich das Wort gesagt,
was würdest du heut sagen?

(1998)

Dank an Mozart

Der Seele Licht,
dem Herzen Heilung geben
und Labsal in zerrissener Zeit;
Gott fühlen über diesem Leben
im Klang von All und Ewigkeit.

(1998)

Erspartes

Der Menschenwünsche: tausend!
Der Möglichkeiten: halb so viele.
An Fähigkeiten: nicht ein Quart!
So bleibt in diesem Lebensspiele
uns wohl ein Übermaß erspart.　　　　(1999)

Klug?

Wie klein der Raum, den wir durchschreiten
und kurz die Bahn, der wir entgleiten!
Ist unser Leben auf Erden wohl lang genug,
um weise zu werden oder wenigstens klug?

Wir sind auf unserer Lebensreise
wie Schlittschuhläufer auf dünnem Eise
und wandeln hin auf dunklen Pfaden
und formen unser Menschenleid
und in uns ruht – schwer aufgeladen –
Staub der Vergänglichkeit.

Sag an: wär es nicht schön zu glauben,
so wie's die kleinen Kinder tun?
Und sich nicht seines Schlafs berauben,
auf wenig Wahrheit auszuruhn?　　　　(1999)

Unfertig!
(im Gedenken an den Herbst 1944)

Da kramte er hunderte Schriften hervor
und studierte deutsche Geschichte,
bis ihm das Blut in den Adern gefror.
Dies ist kein schönes Gedichte:

In einer rauen Bombennacht
bin ich im Keller ‚aufgewacht';
seither ein Bild für immer:
Brand und Ruinen, Rauch und Trümmer.
Und Menschenschreie gellten
sowie Sirenen schrill
in finstren Straßen,
wo groß der Tod nun wohnte.

Vom Kriege verheert,
vom Feuer verzehrt,
vom Grauen beschwert,
die Kindheit versehrt…
Drum Kind sei bang
dein Leben lang!

(1999/2015)

Albumblatt für Arianna

Die Liebe kommt –
vielleicht als Blitz aus heiterm Himmel,
aus dem Gewühle und Gewimmel
schaut sie dich unvermittelt an.

Die Liebe kommt –
vielleicht auch nur auf leisen Sohlen
ganz heimelig ins Herz gestohlen,
wo man sie nicht verbannen kann.

Die Liebe kommt –
vielleicht gar wie ein Waisenkind,
das weinend sich am Wege find't,
mit Augen fragend – und was dann?

Die Liebe kommt!
Du kannst es nur nicht zwingen;
so ist es mit den wahren Dingen,
die man nur geschenkt bekommen kann.

Die Liebe kommt –
Gott mög dich schützen, deine Wege führen,
das Wahre und das Rechte zu erspüren,
damit es ein Stück Himmel geben kann!

(1999)

Rheinfahrt in einem Zuge

(oder: Loreley mit Augenzwinkern)

Wo an dem Rheine (hinter Bingen)
sich Wasser durch die Felsen zwingen,
stünd' auf dem höchsten busenfrei
die schöne Elfe Loreley…

So sangen's Dichter, groß' und kleine,
wie unter ihnen Heinrich Heine.
Ich fuhr da mit dem schnellen Zug
und wurd' nicht auf die Schnelle klug;
ich hab's geradewegs verschlafen,
drum macht das Mädchen mir zu schaffen.

Den Weg retour hab ich genauer hingesehn:
Der Fels stürzt steil hinab zum Rhein
und droben? Alles winzig klein!
Ich sah nur schlichte Bäume stehn.
Warum nur sind seit zweihundert Jahren
die Leut' da gaffend vorüber gefahren?

(1999)

Nachtrag:
Nun aber endlich sah ich sie
– in einer Sendung im TV –
in Erz gebannt am Ufer stehn
und sinnend auf die Fluten sehn:
die Maid am Rhein
so nackt, so klein!
Das also war die Loreley?
Nun ist's mit Phantasie vorbei!

(2012)

Sternennacht

Im Westen glüht der blaue Tag
noch golden nach;
in kaum bewegter Luft siehst du
die Bäume nun
wie Scherenschnitte stehn.
Und über unseren Häuptern
da blinken dir und mir
Wega, Deneb, Atair –
als Sommerdreieck prächtig anzusehn.

Die Sterne blinken abertausendschön!
Doch fern und gleichgültig ist ihr Schein
seit vielen Jahrmillionen.
Sinn legen wir Menschen darein,
die auf dem Staubkörnchen Erde wohnen.
Wie sollten wir in kurzen Erdentagen
auch sonst Unendlichkeit ertragen.

(1999)

Lied im August

Die Ammer sang
den Sommer lang
ihr Zü-zü-didi-döh.

Im Morgentau
ins Himmelsblau:
stets Zü-zü-didi-döh.

Im Wind so lind
verschwunden sind
die Wunden und das Weh.

Durchs Wipfelgrün
die Wolken ziehn
in herrlich reiner Höh'.

Das Korn so gold!
Die Sonne rollt
durch Wolken weiß wie Schnee.

Mir wird so bang:
Folgt winterlang
nur Frost und Eis und Schnee?

Das Lied verklang;
die Ammer sang:
‚Es ist schon viel zu spät!'   (1999)

2000 n. Chr.

Es war im Morgenland
vor nun 2000 Jahr',
als eine Menschenfrau
ein Gotteskind gebar.

Viel ist seither geschehn
und viel erfüllt' sich nicht,
doch stille bleibt bestehn:
die Hoffnung und das Licht!

(2000)

Gedanken zum Jahreswechsel
(1999 / 2000)

Wir leben grad, da das Jahrtausend geht
und mit ihm unser 20. Jahrhundert,
das wie kein anderes für Krieg und Katastrophen steht!
So schleichen wir hinaus, verwundet und verwundert.

So feiern wir, dass diese Zeit entschwinde
und schaun gebannt auf die markante Ecke:
ob – gleichsam hinter einer dichten Hecke -
das Künftige entschleiert stünde.

Vielleicht steht dort nun unser aller Herr
– wir sprechen gern vom „lieben Gott" –,
er wartet schon, hebt warnend seinen starken Arm,
gebietet Halt und schimpft und schlägt Alarm,
hält in der Rechten einen Riesenknüppel.

Vielleicht jedoch erfahren wir nur seinen Spott!
Er murmelt leis: „Ach, ich schuf allzu arme Krüppel!"
Und Gottes Blick schweift sinnend in die Ferne,
schaut auf sein Reich der Myriaden Sterne:
„Ich sehe ein, die Menschheit wird nicht klug,
drum mach ich einen neuen Paradies-Versuch!"

Den Freunden in Norwegen

Ich kenn' ein Haus im hohen Norden
dort oberhalb am großen See;
die Stadt steigt sanft den Hang hinan
mit Häusern weiß wie Schnee.
Hier bin ich oft so froh geworden!

Hier fühlt' ich mich zutiefst willkommen:
Einst sprang ein blondes Kind heraus
und hat mich an die Hand genommen
und freundlich heimgeführt ins Haus.

Sieh dort: der blanke See wie groß!
Mit königlicher Wasserfläche
ein Spiegel gleich von Himmelsblau
und Sommerhelle,
die du in diesen Freunden wiedersiehst.
Das lässt mich nimmer los!

(2001)

Glimma

(Nordland)

Die Wasser der Glimma strömen
im Wechsel von Ebbe und Flut;
rauschendes Atmen vom Meere,
das nimmer rastet noch ruht.
Sieh Wanderer du und höre:
Gottes Schöpfung ist gut! (2001)

Im norwegischen Bergland

(dem Freunde Aasmund H.)

Schwebende, webende Wolken im Wind,
lichte Bläue über der Höh';
ein sprudelnder Bach am Waldesrand rinnt
und wisperndes Wasser am See.

Flirrendes, sirrendes Blättergewirr,
glänzendes Gras und ein Kraut,
das von Düften und Würzen so schwer,
den Sinnen so wohlig vertraut.

Dunkelnde, funkelnde, samtene Nacht,
Sternengezweige so nah –
und diamanten zum Leuchten gebracht:
Schöpfung – so wunderbar! (2002)

59

Vogelfrei

Aus den Wipfeln eines Baumes
in die Nebel meines Traumes
flog ein schwarzer Vogel her,
saß auf meiner Schulter schwer!
Doch ich kann so düstre Knaben
nimmer auf mir lasten haben:
also machte ich Geschrei!

Nächstens kam ein Buntgefieder
voller Farbe auf mich nieder,
sang so traulich und so süß
vom Gefilde ‚Paradies'.
Doch er sprach, er sei Exote,
ein verkappter Götterbote,
käm' nur auf 'nen Husch vorbei.

Letztens kam mit kleinen Krallen
einer von den frechen drallen
Spatzen, so ein kleiner Pimpf,
der mit Tschilpen und Geschimpf
mir den letzten Nerv wollt' rauben.
Ich erwacht' mit dumpfem Schnauben.
Endlich bin ich vogelfrei!

(2000)

Frühling in Burgund

Es mag wohl sein,
dass in den Maien-Nächten von Burgund
du lange wach liegst
nach dem opulenten Essen
(oder aus einem andren Grund).
Alsbald musst du das Grübeln dann vergessen
und lauschen in die Frühlingsnacht
hinein in volle Sangespracht
     der Nachtigall!
Das Tal scheint dir von Nachtigallen voll –
     ô rossignols!

(2002)

Rückkehr vom Strand bei Brandung

Erst noch ein Rollen, Grollen, Rauschen,
dann schwächt es ab: gedämpftes Flüstern
nurmehr und – wie die Töne tauschen –
verklingt es wie ein sanftes Wispern.
Doch noch im Traume wiegt es schwer
das Murmeln fern vom großen Meer.

(2002)

Unruhige Nacht

Wohl weiß ich: dieser harte Wind
ist physikalisch nur und flüchtig;
auch hört' ich, große Bäume sind
aus gutem Holz und lebenstüchtig.

Was ist es, was in düstrer Nacht
die Bäume ächzen und knarren macht,
dass Unruh in Wipfeln, Laub und Geäst
mir weder Schlaf noch Träume lässt?

(2002)

Einfach nur da sein...

...da wir hier aus dem Unbekannten kommen
und – unbewusst ins Leben aufgenommen –
nun wachsen, werden, blühn, vergehen
in ungefragten, unbestimmten Jahren
und dann am Ende kaum verstehen,
wer wir wohl sind, warum wir waren.

(2004)

Glück im Beispiel

Die Wiederkehr des Schönen,
ein seliger Augenblick,
die Harmonie von Tönen,
ein froher Freundesblick.

Ein Kuss und ein Umarmen,
Verzeihen und Erbarmen;
das Lächeln eines Kindes,
der Sommerhauch des Windes.

Ein Quäntchen Kirchenstille,
ein Kleines aus der Fülle
und eine tiefe Sternennacht
von Gottes Güte wohl bewacht!

(2005)

August im Fjell

Die Sonne schwimmt
inmitten weißer Wolkensegel;
der Wind von Süd ist lau.
Das Fjell erglimmt
und Regenflächen glänzen
und glitzern silbergrau.

Die Birken flüstern sacht,
die Espen wispern leise:
Das ist die Mittagsweise,
die mildes Wetter macht.

(2008)

Berghütten-Einsamkeit

Die Hütte liegt am Bergeshang,
der Weg zum See hinab ist lang;
der Wald ist schütter, blank das Gestein:
ein rechter Ort zum Einsamsein!

Ein Hase hoppelt übern Weg,
ein Eichhorn hüpft herauf den Steg,
ein Vogel fliegt ins Blau hinein.
Wie sollte man da einsam sein?

Grauwolken weben, Regen rinnt;
wo Nebel nistet, ruht der Wind.
Die Kälte schleicht sich feucht herein:
Wer möchte nun wohl einsam sein?

Das Feuer knistert im Kamin,
das Menschlein streckt sich wohlig hin;
es schmecken Nüsse, Brot und Wein:
Nie sollte man nun einsam sein!

Nun sieh den Tag im West verglühn,
im Ost den Mond herüberziehn;
halt Andacht nachts beim Sternenschein,
so braucht man nimmer einsam sein.

(2010)

Abschied vom Nordland

Die Glimma rauschet immerzu
mit den Gezeiten ohne Ruh'.

Die Wildgans schrie bei halber Nacht,
hat mich vom Schlafe wach gemacht.

Es ist der letzte Julitag –
was dieses wohl bedeuten mag!?

Ich weiß, dass sie nach Süden flog.
Ob alle Sorge mit ihr zog?

Die Wildgans, die vorüber strich,
rief nur die ihren, meint nicht mich.

Gleichwohl auch ich muss balde fort,
ein Winter rau kommt her von Nord…

(2011)

Erinnerung an Hamarøy (für Brigitta/2011)

Ach, 'denk der hellen Tage von Ham'røy!
Der Blick ging über einen weiten See:
auf fernem Fjell lag sommers noch der Schnee.

Hörst noch der Glimma Rauschen Tag und Nacht,
von den Gezeiten ewiglich bedacht?
Und drüber schwebten Möwen sanft und sacht.

Doch manchmal schrien die weißen Vögel auf,
beäugten stier des Wassers raschen Lauf
und stießen nieder, schwangen wieder auf.

Weißt noch den Elch auf unsrem Wege gehn?
Ein Tier so groß und schlank und schön!
Da blieben wir wie angewurzelt stehn.

Wie eine Alpenkette – hoch und hehr –
so stiegen die Lofoten aus dem Meer
im Blick der Bucht von Buvåg her.

Und in der Stille nahm man seinen Herzschlag wahr
und Wispern von den Espen wunderbar –
ein Himmel drüber: rein und blau und klar.

Erinnerung ist, was uns umhegt!
Vergangen nichts, was uns geprägt
und nicht vorbei, was uns im Innersten bewegt.

Auch ein Herbstlied

Von jenen Äpfeln – ungespritzt und ungewaschen –
würd ich auch gerne nehmen oder naschen:
Sie locken reif und rund und süß,
wohl so wie einst im Paradies.

Doch ach, sie liegen hinter einem Zaun
mit dicht gewebten grünen Maschen;
ich mag mich nicht hinüber traun.

So gehn wir halt im nahen Park spazieren!
Der Herbst hält Einzug schon bei Strauch und Baum,
bemalt mit goldnen Farben sie, bevor sie frieren
und träumen einen neuen Frühlingstraum.

(2011)

Zeiten-Waage
(gestern – heute – morgen)

Lass dich vom Gestern nicht erdrücken:
Wir leben schließlich heut!
Lass dich vom Morgen nicht entrücken,
noch ist es nicht soweit!
Freilich: Morgen und Gestern
sind heimliche Schwestern;
mach sie zu Freunden der Gegenwart,
worin sich das Hier und Heute bewahrt.
So wage die Waage
am heutigen Tage!

(2011)

Traum

Versunken längst das Abendrot.
Mein Bett wird nun ein kleines Boot,
hat sich vom Lande losgemacht
und treibt gemächlich in die Nacht
hinaus ins samtne dunkle Meer,
darüber ferne Sterne blinken.

Das Land seh ich nun auch nicht mehr,
nicht mehr die Felsenküste winken.
Ich bin von allem abgewandt,
seh glitzern nur noch Sternensand
dort droben tief im ew'gen Raum.
Mein Bett: ein Boot, ein Meer, ein Traum!

(2012)

Glaube

Oh Gläubiger, ob Moslem, Jude, Christ:
Mag es wohl sein, dass Gott der Urknall ist?
Als unerschöpfte Energie im kleinsten Ball
entließ ER sich selbst in dieses All,
Herr über Raum, Herr über Zeit,
in ewiger Unendlichkeit?

All' Gott ist da, im Großen wie im Kleinen,
so auch in uns, in Pflanze, Tier und Steinen…
Oh Mensch, kannst du im kurzen Erdenleben
dich nicht mit solcher Sicht zufrieden geben,
so magst du anderen doch ihren Glauben lassen,
sie dulden oder meiden, lieben statt zu hassen!

(2012)

Die Bombe

(oder: ‚Germany first!')

Gedacht war die Bombe nächst für Berlin
(respektive: Mannheim/Ludwigshafen).
Ihre Schöpfer wähnten sich
in einem Rüstungswettlauf. –

Derweil zertrümmerten
‚konventionelle Bomben'
die deutschen Städte.
Und unter den Schlägen
alliierter Armeen
zerbarst das Reich des Größenwahns.

Dann war die Bombe da,
dreifach:
Los Alamos
Hiroshima
Nagasaki. –
Japaner nennen sie die ‚christliche'.
Da haben die Deutschen
wohl Glück gehabt…

(2012)

Abgesang

(Klage über Abschied und Nimmermehr)

Lud nicht die gestirnte Nacht
zu Staunen und Demut ein?
Konnt' die Regenbogen-Pracht
nicht Zeichen, gar Sinnbild sein?

War sie denn nicht ein schönes Geschenk:
die Erde! Nicht Beute, nicht Raub!
Waren's seit Urzeiten eingedenk
und blieben doch blind oder taub.

Was wahr und was gesegnet schien,
wir ehrten's nicht genug;
vertan, versunken und dahin
wie Traumbild und wie Trug.

Bald heißt's: vorbei und nimmermehr,
der Menschen Lied verklang. –
Das Wasser wächst im weiten Meer
und Wehn vom Untergang.

(2012)

Nachbarschaft

Das Haus gegenüber
ist nun verwaist.
Die Nachbarin, die vordem
freundlich herüberwinkte,
ist fortgezogen.
Die Fenster sind
von Gardinen frei,
von Blumen bloß.
Warum nur fühl ich mich
von leeren Fensteraugen
beobachtet?

(2012)

Abzählreim

Nun hock ich in der Stube drin
und hege meinen Bubensinn
und zähle Blümchen eins-zwei-drei:
‚Dich liebe ich!' ist an der Reih'.

Dann kamen Verse ohne Not
und Reime, die ich mir verbot,
sogar ein Silben-Allerlei:
‚Du-lieb-test-mich' war nicht dabei.

So vieles bleibt halt unerhört,
was uns den reinen Sinn verstört;
und hingesprochen leicht ein Wort
trifft schwer das Herz,
den wunden Ort.

(2013)

Am Kamin

Lagerfeuer? Ungeheuer, viel zu teuer!
Man nimmt heuer
lieber ihn: den Kamin.

Musst dich nicht an trüben Tagen
raus in Rheuma-Kälte wagen!
Setz dich hin, genieße ihn: den Kamin!

Leises Fauchen – leichtes Rauchen,
Scheite glühn, Funken sprühn
Wärme spendend am Kamin.

Knacken, Knistern, mildes Krachen,
wohliges Geräusche-Machen
– gar bei Klassik – am Kamin!

Worten lauschen, Blicke tauschen:
Er liebt sie und sie liebt ihn
händeringend am Kamin.

Ob in München, Köln, Berlin,
Freiburg, Flensburg und Malchin:
urgemütlich am Kamin!

(2012)

Trinklied

Grüße mit Süße –
und komm nur herein!

Weile ohn' Eile
und schenke dir ein.

Gebe und hebe
das Glas nur nicht bang.

Würze mit Kürze
Gespräch und Gesang.

Saufen und Raufen
mögen wir nicht.

Frieden hienieden
sei unsre Pflicht!

Lebe! Entschwebe
jeglichem Graus.

Mit Singen und Klingen:
so trinken wir aus!

Danken und Wanken
hernach aus dem Haus…

(2011)

Erinnerung an Flandern

Jüngst
sah ich euer Foto wieder,
ihr lieben alten Freunde:
sitzend vor dem übersonnten Meer.

Längst
seid ihr fort
und fern dahin:
verstreut, verweht
die Asche eurer Leiber.
Wohl weiß ich,
dass es euer Wille war:
wie weiße Vögel fortzuwehn
mit Wind aus West
in Flanderns ebnes Land
und unter hohem Himmel hin...

Nun bleibt das Bild, das eure,
vor mir wie eine Frage stehn:
Wen aber rettet wohl Erinnerung?

(2012)

Abschied

(Ellen H. zum Gedenken)

Farvel, ihr Freunde, ich muss gehen
den Weg der Nimmer-Wiederkehr;
so sag ich Lebewohl in eure Runde!
Wie wiegt sie doch so bleiern-schwer
die letzte bange dunkle Stunde!
Und trist: hab ich doch Zeit nicht mehr,
dass meinen dürft'gen Dank ich sage
für gute Stunden, schöne Tage
mit euch in Frohsinn, Leiden, Lachen
und all die lieb-vertrauten Sachen,
die dieses Dasein hier zur Heimat machen.
Doch meine Hoffnung ist
- vom Jenseits her -
euch still zu helfen und zu segnen…
Wohlan, dass wir uns dort im Ewigen
erneut begegnen!

(2012)

Ruhlos

Ist alles nur Weise, Ton oder Klang,
verhallt auf der Reise im Übergang?
Alles wie wandelndes Wolkengebild,
ruhlos und rastlos und ungestillt?

Hier ist kein Weilen, gemächliches Bleiben,
stets nur ein Wandeln und Weitertreiben;
nirgends verfestigter sicherer Stand,
alles wie Wandern im rieselnden Sand.

(2013)

Es war ein Kulturland...

Es begab sich zu einer Zeit,
da ergriffen die Gewalttätigen
– mit Hilfe der Gestrigen –
die Macht,
eroberten das Sagen und die Wörter;
trieben – neben Ungezählten –
die Sprachkundigen,
die ohnmachtig Sprachmächtigen
außer Landes, ins Schweigen
oder in den Tod.
Die Machtergreifer
befahlen der Sprache,
den Stiefeln und Kanonen,
den Flug- und allen Fluchzeugen
und – den Gaskammern.
Sie trampelten Europa nieder
bis in den eigenen Untergang.
Es folgte darauf im Lande,
dem verwüsteten, zerstückelten,
schuldigen, verwirrten:
große Sprachlosigkeit,
schlechtes Erinnern,
‚Bewältigung der Vergangenheit‘ –
generations-
w e i s e ...

(2013)

Lebenszeit

War Zeit genug, sich umzusehn,
zu nippen und zu naschen?
Und etwas mehr die Welt verstehen,
ein Quäntchen Glück erhaschen?

Man sagt so hin „Die Zeit, die rennt,
man mag es gar nicht glauben!"
Derweil ist's Leben, das verbrennt,
des wir uns selbst berauben.

Oder ist's Bereichern gar,
was wir hier tun und treiben?
Wir spürn was ist, wir sehn was war -
und möchten gern noch bleiben.

(2014)

Fern und nah

So viele ferne Jahre
sind zwischen dir und mir:
inmitten liegt das wahre
Leben – dort und hier.

Ach, manche fahle Monde
verflossen Nacht um Nacht;
war was im Herzen wohnte
dem Andern dargebracht?

Auch waren fremde Tage
auf diesem Weg zu zweit:
ein Nachhall stummer Klage
versäumter Seligkeit.

Noch kommen finstre Stunden,
die man nicht meiden kann –
Wurd' je das Gran gefunden
zum Glück von Frau und Mann?

(2014)

Ein Letztes

(geschrieben nach dem Tode des Freundes Aasmund H.)

Ach HERR, wenn DU bestimmt hast
    meine letzte Stunde,
so lass noch einmal mich den blauen
    Himmel sehn
und eine weiße Wolke darin,
    eine große runde,
die aufquillt im Vorüberwehn. -

Und lass mich eine liebe Hand noch halten
    zum Abschied und zum Dank -
und friedlich heimgehn zu den Alten.

(2014)

HAIKU

Versuch einer Annäherung
an eine japanische Gedichtform

I
Haiku

Dem Schweigen so nah:
gesiebt in siebzehn Silben
eine kleine Welt.

II
Nächtliches Gewitter

Durch Wolkenbrodeln
- belächelnd alle Blitze -
hüpft der helle Mond.

III
Bergsee

Spiegelgleich der See.
Im tiefen Traum darinnen
regungsloser Wald.

IV
Morgenfrühe

Spinnennetz im Tau -
in heller Morgensonne
glänzt ein Diadem.

V
Morgengruß

Freund: wirf in der Früh'
in den Teich dieses Tages
deine Netze aus!

VI
Schmetterling

Kleiner Schmetterling -
Ikarus fiel vom Himmel
ohne Flügelschlag.

VII
Sommer

Sieh! Deine Wogen
zeichnen flinke Schwalben nach,
blondes Weizenfeld.

VIII
Herbst

Kranichschrei – hochauf!
Keilschrift und Perlenschnüre
versinken südwest.

IX
Sprachlos

Dichter im Café:
Im Gestrüpp vieler Worte
sprachlos geworden.

(2015/2016)

Anhang: ‚Liederliches‘

Humoriges und Vermischtes

Inhaltsverzeichnis

Die Ameisen II

(oder: wie selbige nach Helgoland kamen)

Einst wollten Ringelnatz-Ameisen
- kribbel krabbel tippel tappel -
von Hamburg nach Australien reisen:
sie liefen eilig, putzemunter
- kribbel krabbel tippel tappel -
geradewegs zum Hafen runter.
Ein Schiff nach Sidney an dem Kai,
da kamen sie vorbei die Zwei
und krabbelten hinauf die Leine
– ganz ohne Pass – im Mondenscheine,
will sagen: wurden blinde Passagiere!
Weil sie nun weder Geld noch Ticket hatten,
verkroch man sich bei Kakerlak' und Ratten.
Da ward's gar grauslich für die kleinen Tiere!
Beim ersten Halt auf Helgoland
- kribbel krabbel tippel tappel -
sind sie sodann davongerannt.

(1993)

Q 10 – quasi ein Schäferstück

Am Waldesrand die Quelle quillt,
ein frisches Quäntchen Wasser stillt
des Jünglings Durst, doch nicht sein Quengeln.
Ein Mädchen sitzt gleich nebenan,
das einzig ihn erquicken kann.
Er zählt – verliebt – sie zu den Engeln.

Nun muss er gar ihr Quietschen hören,
weil ‚kaul' im Teich die Quappen stören!
Die Dame rennt nun quer feldein,
er folgt voll Qual ihr hinterdrein.

Seht hochbeinig dort den Storch hinstaken,
der hört gewiss die Frösche quaken.

(2012)

Im Badezuber

(gewidmet dem fernen Freunde G. Buber)

Weißt du noch, mein alter Buber,
jenes göttergleiche Bild:
junge Frau im Badezuber,
selten schlank und schön und mild!?
Goldne Haut und runde Brust
macht beim Schauen wohlig Lust!
Ach, unter allem Seifenschaum
sieht man ihre Glieder kaum;
doch was macht sie denn nun bloß?
Hei, nun geht das Waschen los!
Welch' ein Platschen und ein Plitschen
mit der Seife rumzuflitschen;
wäscht sich vorn und wäscht sich hinten
(hier will sich ein Reim nicht finden)
mit Gesumm und mit Gesang
geht es Arm und Bein entlang,
ist am Ende in dem Zuber
ganz gehörig rein und suber.
Und dann kommt sie aus dem Bade:
wirklich aphroditen-schön
ist das Weibsbild anzusehn!
Ich sah sie nackt! Du nicht – wie schade!
Hörte dich hernach nur zischen:
Muss den Boden trocken wischen!

(2006)

Garstiges aus der Gartenlaube

(für hastig Verliebte)

Ein Mädchen jung und voll der Zier,
ein junger Mann und voll Begier,
die trafen sich im Garten.
Sie sah zu ihm, er sprach zu ihr:
Was soll'n wir länger warten!?
Sie suchten eine Laube aus
gar heimlich wie ein Schneckenhaus.
Doch ‚Halt!' sprach sie – fast war's zu spät –
bevor es nun zur Sache geht,
will ich Gewissheit spüren!
Wirst du hernach auch zu mir stehn,
zur Trauung und zur Hochzeit gehn?
Doch, doch – so er – sollst nichts verlieren:
Die Mädchen, die sich vorher trauen,
die können immer auf mich bauen!

Die Treu, die er für ewig schwor,
die hielt nur bis zum Gartentor.
Ein junger Mann, 'ne junge Frau,
das ist nicht immer passgenau.
Die Hitze wie die Seelenpein,
die können wohl gar flüchtig sein.

(2011)

SIE und ER

Auch ER war einst ein junger Spund,
der Mädchen gar entzücken kunnt
(und machte davon viel Gebrauch).
Nun aber hat er sichtlich auch
ein Doppelkinn und Hängebauch.

Und SIE? Sie sieht nicht mehr die Brüste prangen,
die einst den Kerls ins Auge sprangen.
(Letztlich konnt' sie nur einen halten).
Voll Gram nun über Runzeln, Falten
zählt sie verschämt sich zu den Alten.

Die KINDER, die sie zahlreich zeugten
und pädagogisch streng beäugten,
die liefen sämtlich aus dem Ruder:
als Säufer, Tunichtgut, als Luder.
Nun ziehn die Alten Resümee:
Dasselbe nochmals? Lieber Nee!
Nun pflegen sie sich überall
bis sie dann werden Pflegefall.

(2012)

Scherz

Neulich flog ein Kräh' vorbei,
verschluckte sich am eignen Schrei.
Der Vogelkundler guckte,
die Krähe plötzlich spuckte!
Worauf erstaunt der Fachmann sprach:
Ich schau einmal im Lehrbuch nach.
Da steht es nicht, so kann's nicht gehen,
wir müssen Kräh'n nun anders sehen:
Flugs nennen wir den Vogel ‚Spucks'!

(2012)

Weihnachtsmarkt

(Parodie auf's eigene Liedchen/S.14)

Auf den Abend, den heiligen,
freun sich alle sehr:
die Andächtigen wie die Eiligen
wünschen ihn sich her.

Zum Feste gibt's Genuss und Gaben,
Klunker, Krams und vieles mehr
und sich an Gebratenem laben,
groß und inhaltsschwer.

Auf belebtem Weihnachtsmarkte
wird gegafft, gekauft, geschlemmt;
das Portemonnaie, das erstarkte,
ist kaum mehr zugeklemmt.

Auf den Heil'gen Abend
freu dich, Mensch, doch sehr!
Trag dein Geld zum Markte,
gib's oh so fröhlich her!

(2012)

Ständchen

Der Mensch gleicht einem Edelstein!?
Ihm möchte doch ganz unbenommen
das gar nicht fremde Denken kommen,
er könnte rar und kostbar sein!

Der Mensch wird in die Welt geboren,
hineingestoßen in das Leben,
hat Zeit und Ort nicht selbst erkoren
noch Eltern und Familie eben.
Er muss hienieden sich bequemen,
das alles einfach hinzunehmen
und aus den so gegebenen Sachen
das Beste halt daraus zu machen.

Besagter ‚Stein', er wird geschliffen:
kriegt blanke Seiten, Kanten, Riefen.
Durch Freunde, Schule, Elternhaus
wird auch vielleicht Passables draus,
behält noch manch' geheime Stellen,
die spätere Partner dann erhellen.
Mitmenschen alle, krause, nette –
ursächlich für die Fein-Facette –
sie wirken mit, den Stein zu formen,
sie helfen schleifen, nicht aber: normen!

Denn endlich wird man eingedenk:
Der ‚Edelstein' ist ein Geschenk,
naturbedingt und gottgegeben,
dies' zu bedenken lehrt das Leben!

So gehet dann im Lebenslauf
ein Jährchen nach dem andern drauf
und aus dem Steinchen wird ein Stein,
will andern auch zur Freude sein,
mit hellem Licht das Dasein frommen!

Und ist ein ‚runder Tag' gekommen:
Die Sechzig oder Siebzig gar,
wird gern das Glas zur Hand genommen
und gratuliert für immerdar:
Viel Glück, Gesundheit, langes Leben!
Mög' Gott dafür das Rüstzeug geben!

(1998)

Zerknirschter Poet

Er war ein kleiner Dichter nur
und einzig auf der Lyrikspur;
las Rilke, Hölderlin und Trakl,
schrieb manche Zeilen ohne Makel,
kam manchmal ohne Inhalt aus,
mied das Gebrüll und das Gebraus;
ließ selbst sich bei den heiklen Themen
partout das weiche Wort nicht nehmen
und hat bei allem Verseschmieden
natürlich nicht den Reim gemieden.
Doch manches - zigmal durchgekaut –
blieb gleichwohl schlecht und unverdaut.

Er, der sein Sein mit Lesen mehrte,
zuvörderst Goethe sehr verehrte,
er kannte kaum das Neu-Abstrakte,
verweigerte das Krankhaft-Nackte,
mied Niederung und Feuchtgebiete,
bezahlte treulich seine Miete,
schuf still in seiner Kammer nur:
mithin 'ne traurige Figur.

Und da der Ruhm sich ihm nicht fügte,
war's dann der Rum, der ihm genügte.
Zwar freilich: andere tranken Wein
und ließen sich mit Frauen ein,

sie nahmen Rauschgift, Kokain
und gaben sich dem Fressen hin.

Doch dieser eben blieb bescheiden
beim Dichten über's Menschen-Leiden,
wollt' gern in schlafes-losen Stunden
am wohl-gesetzten Wort gesunden. –
Und träumt', bevor's von hinnen ging,
dass wenigstens e i n Lied verfing
beim Publikum, dem abgewandten,
nicht nur bei Freunden und Verwandten.

Ein Lied: recht klein, grazil und klar,
das traf den Kern ganz wunderbar,
man konnt' es lesen, summen, pfeifen,
den Sinn auch schier mit Händen greifen,
es konnt' ent-zücken wie ver-rücken,
kurzum zu vielerlei beglücken.

Soweit der Traum und endlich hier
die Fazit-Zeile auf's Papier:
Ein Autor, der schreibt,
möcht', dass er bleibt
mit einigen Zeilen,
die beim Leser verweilen!

(2012)

Epigramme

I

Viel schuf bisher
des Menschen Zunft:
Erstaunliches wie Kluges!
Nun siegt der Verstand
wohl über Vernunft:
ein grandioser Triumph
des Selbstbetruges.

II

Nun – sprach der HERR –
so soll denn Abend werden!
Die Menschen sind hinfort
die Herren auf Erden…

(2012)

Aussichten – religiös

(Erinnerungen an eine Diskussionsrunde)

Angeregt und aufgeregt: Sprechen über den Glauben, hier sachlich erörtert, dort hitzig umstritten. Man hatte emsig erklärt oder geklärt, gezankt oder gezürnt, gelacht oder verlacht, beteuert oder verworfen, zurückgewiesen, zurechtgerückt, zugestimmt, beifällig genickt, sich geneckt oder gar genarrt.

Nun war man ausgesprochen und schwieg. Ein jeder war auf sich zurückgeworfen; dieser erschöpft oder enttäuscht, jener verwirrt, mancher in neue Gedanken verstrickt. Die meisten Teilnehmer starrten ins Leere oder ins beständig flackernde Kaminfeuer. –

Ein Gast, der sich zuvor nur zurückhaltend beteiligt hatte, sprach vernehmlich in die Stille hinein: „Im ersehnten Himmel könnte es wohl sein wie in der Zukunft: Es kommt so manches unverhofft oder alles ganz anders…"

(2006)

Kein Happy End

Liebesfeuer:
Abenteuer –
ungeheuer!
(Wird meist teuer.)

Mädchen frein,
elend sein;
sich verzeihn
hinterdrein.

Glocken hallen,
Tränen fallen;
Winde wallen
über allen.

Selige Geigen:
einmal im Reigen
schwingen und steigen,
selbst sich verzweigen!

Leben umwerben,
Kummer ererben,
Arbeit verderben,
frühe versterben.

Kirchenchor!
Vor dem Tor
lugt hervor:
Trauerflor.

(2013)

Schwupp

Ein junges Paar am Meeresstrand:
es malt zwei Herzen in den Sand,
die Amors Pfeil ganz fest verband.
Und eine Woge kam vom Meer
und Wellen schwappten drüber her.
Es treibt hinfort: der Meeresschaum.
Es bleibt am Ort: ein Menschentraum.

(2013)

Kein Gedicht

Gestuft
wenige Worte
wie eine Treppe
tastend ins Dunkle hinab…
Vielleicht, dass ein sinnender Leser
den kargen Beginn vollendet zu Versen.

(2012)

Six-Pack

Jeden Morgen
- bloß vor dem Spiegel -
suche ich
meine Six-Packs.

Die jungen Mädchen
in der Stadt kichern,
wenn ich ihnen
nach - schaue.

Selbst reifere Frauen
lächeln
ironisch.

Daheim kocht
meine Frau
mir Magentee.

Ich finde
ein stilles Herdfeuer
und wärme mich.

(2014)

Die Fischerin

„Die Fischerin vom Bodensee
ist eine schöne Maid" – Oh weh!
Kaum wirft sie ihre Netze aus,
da zieht der Klaus die Stirne kraus:
Er nämlich will mit Angelstangen
im See den besten Fisch erlangen!
Sie aber setzt auf Menge nur
und fängt mit Netzen statt mit Schnur.

Da sie mithin auf Masse setzt,
fühlt er den Sportsgeist grob verletzt.
Im Grund kann sie den Klaus gut leiden,
würd' er nur ihre Netze meiden,
denn rosig wird ihr Angesicht,
wenn er leichthin von Liebe spricht.

Doch Quali- hier, dort Quantität -
ob das wohl gut zusammengeht?

(2015)

Raffke – ein Heldenleben

Er war ein Ass im Spekulieren,
die Börse war ihm die gemäße Welt,
nichts Finanzielles konnte ihn genieren:
stets wohl war ihm beim Abkassieren,
sowie Motiv und Absicht zu verdecken,
Verdientes unversteuert einzustecken.

Wenn einer sich für auserlesen hält,
sind eitle Worte stets willkommen,
denn Lügen fand er nie verkommen,
auch Tricks und Täuschung zu erahnen,
um sich den eignen Weg zu bahnen.
Sein Reichtum wuchs ganz ungeheuer
(wurd' auch die erste Scheidung teuer;
drum sah er künftig, dass die Damen
dem Gelde nicht zu nahe kamen).

Sein Konto wuchs wie auch die Zahl
der falschen Freunde allzumal,
den Schulterklopfern, Speichelleckern,
die gerne sich mit „Ruhm" bekleckern.
Er fühlte sich beliebt und anerkannt
fast wie ein „King im Wunderland".

Doch mehr und mehr wurd' offenbar,
dass er nicht recht bei Troste war:
er mochte nichts mehr rasch entscheiden,
begann das Tagewerk zu meiden,
ja mocht' auch Frauen nicht mehr leiden.
Es rann ihm das Gedächtnis aus;
alsbald war er allein zu Haus.
Mit falschen Zähnen, schlechtem Hören
konnt' niemanden er mehr betören.
Er starb – in einer Kammer abgestellt -
verhöhnt, verachtet von der Welt.

(2015)

Griechischer Wein

Es trank der Griechenkönig Thamos
so liebend gern den Wein von Samos,
bis eines Tages er ein Weib erwählte,
mit dem er sich beschwingt vermählte
und das alsbald sich schwer beschwerte,
dass er zu viele Krüge leerte
und dann – oh Graus – die Gläser zählte!

In den Annalen war zu lesen,
der König sei vom Trunk genesen.
Nicht immer ist es ein Vergnügen
im Ehestand zu unterliegen.

(2016)

Heimkehr aus dem Norden

(im Stile des armen B. B.)

Im bequemen Wagen:
  Rückkehr bei Flensburg
Deutsch: Das Rasen auf der Autobahn!
Im Radio bekannte Stimmen
Staumeldung I
Der gestiegene Benzinpreis
Bumms-Musik
Das vertraute flache Land
Die wiedergefundene Krise
Der überbordende Verkehr
Staumeldung II
Elbbrücken im Eiltempo
Die gealterte Regierung
Die neuen, nun kurdischen Nachbarn
Begnügungen des Alters
Standhaft sein

(2016)

Kepler – 452 B

Medien melden
die weitere Entdeckung
eines erdähnlichen Planeten.
Die Suche
nach einer Ersatz-Erde
hat begonnen.
Astronauten sprechen schon
von der Besiedelung
,unserer Galaxie'.

Die ,Keplerianer'
- so es sie gibt -
dürfen gleichwohl
beruhigt sein:
die ,Lichtschranke'
beträgt 1400 Jahre.
Der ,Erdbazillus'
bleibt sternenfern.

(2016)

Wunsch

Was
gäbe ich darum,
könnte ich
gewisse Andere,
nun Entfernte
einmal noch
wiedersehen!

Was aber
gäbe ich?
Darum?
Was?

(2013)

Anmerkungen zum Verfasser

Dieter Roland Gebhardt,
geb. 1941 in einer Arbeiterfamilie in Hamburg,
(Der Vater fiel 1942 in Russland),
Volks- und Mittelschule,
Buchhändlerlehre, Industriekaufmann,
Bundeswehr 1962–1964 (Reserveoffizier),
Reisevertreter,
Heirat 1967,
Hochschulstudium 1970–74
(Geschichte, Deutsch, Wirtschaft),
Lehrer an Hauptschulen,
Förderassistent/Universität Bielefeld 1980–83,
Promotion zum Dr. phil. 1988,
jetzt im Ruhestand.

Veröffentlichungen u. a. zum Saargebiet 1935;
Handreichungen zur deutschen Arbeiterbewegung;
Dissertation: „Militär und Krieg im Geschichtsunter-
richt nach 1945" (zusammenfassender Artikel in der
Zeitschrift GWU H.2/1990);
„Einfach nur da sein…"
Lyrisches und Liederliches aus über 50 Jahren (2012;
erweiterte Auflage 2013)

Zeitfracht Medien GmbH
Ferdinand-Jühlke-Straße 7
99095 Erfurt, Deutschland
produktsicherheit@kolibri360.de